Inhaltsverzeichnis

Grün: Grundregeln und Grundwissen. – Das weiß jeder, der Französisch lernt.

Gelb: Weitere wichtige Regeln. – Das muss man außerdem wissen.

Rot: Besonderheiten, Ausnahmen und Stolpersteine. – Das muss man gründlich lernen.

1 Das Nomen – Genus *(Le nom – le genre grammatical)*

Grundregel:

Alle Nomen (Substantive, Hauptwörter) haben ein grammatisches Geschlecht. Sie sind entweder **männlich *(masculin)*** oder **weiblich *(féminin)***. (Ein Neutrum gibt es bei französischen Nomen nicht!)	***le*** *père* ***le*** *fils* ***le*** *coq* ***le*** *jardin*	***la*** *mère* ***la*** *fille* ***la*** *poule* ***la*** *fleur*	der Vater der Sohn der Hahn der Garten	die Mutter die Tochter die Henne die Blume

Weitere Regeln:

Nomen auf *-age* und *-ège* Die Nomen auf *-age* und *-ège* sind männlich. (Im Gegensatz zum Deutschen!)	***le*** *garage,* ***le*** *reportage,* ***le*** *passage* ***le*** *manège* Ausnahmen: ***la*** *cage,* ***la*** *page,* ***la*** *plage,* ***une*** *image*	die Garage, die Reportage, die Passage die Manege der Käfig, die Seite, der Strand, ein Bild
Nomen auf *-eur* Wenn diese Nomen etwas Konkretes bezeichnen, sind sie männlich. Wenn diese Nomen etwas Abstraktes (nur Gedachtes) bezeichnen, sind sie weiblich.	***le*** *directeur,* ***le*** *moteur* ***la*** *douleur,* ***la*** *terreur* Ausnahmen: ***le*** *bonheur,* ***le*** *malheur,* ***un*** *honneur*	der Direktor, der Motor der Schmerz, der Schrecken das Glück, das Unglück, eine Ehre
Autos Alle Autos sind weiblich. (Im Gegensatz zum Deutschen!)	***la*** *voiture,* ***une*** *auto,* ***la*** *Renault,* ***la*** *Mercédès,* ***une*** *Opel,* ***la*** *Volkswagen*	
Ländernamen Die meisten Ländernamen sind weiblich.	***la*** *France,* ***la*** *Belgique,* ***la*** *Suisse* Ausnahmen: ***le*** *Canada,* ***le*** *Danemark,* ***le*** *Japon,* ***le*** *Luxembourg,* ***le*** *Mexique,* ***le*** *Portugal,* ***le*** *Pérou …*	

Wichtige Einzelfälle:

Einige Nomen mit unterschiedlichem Genus und unterschiedlicher Bedeutung

le livre	das Buch
la livre	das Pfund
le manche	der Stiel
la manche	der Ärmel
le mort	der Tote
la mort	der Tod
le tour	die Tour
la tour	der Turm
le vase	die Vase
la vase	der Schlamm

Nomen, die im Französischen und Deutschen ähnlich klingen – mit unterschiedlichem Genus

le beurre	die Butter	**le** groupe	die Gruppe	**la** danse	der Tanz	**la** vitamine	das Vitamin
le chocolat	die Schokolade	**le** melon	die Melone	**la** dispute	der Disput	**la** bière	das Bier
le cigare	die Zigarre	**le** million	die Million	**la** forêt	der Forst	**la** croix	das Kreuz
le citron	die Zitrone	**le** nez	die Nase	**la** place	der Platz	**la** date	das Datum
le contrôle	die Kontrolle	**le** nombre	die Nummer	**la** planète	der Planet	**la** mer	das Meer
un épisode	eine Episode	**le** parti	die Partei	**la** salade	der Salat	**la** photo	das Foto
le fruit	die Frucht	**le** rôle	die Rolle	**la** valse	der Walzer	**la** radio	das Radio

2 Das Nomen – Singular und Plural (*Le nom – singulier et pluriel*)

Grundregel:

Die meisten Nomen haben im Plural (Mehrzahl) die Endung **-s**.	*un élève* *une école* *un livre*	*deux élève**s*** *deux école**s*** *cinq livre**s***	ein Schüler eine Schule ein Buch	zwei Schüler zwei Schulen fünf Bücher

Weitere Regeln:

Nomen auf *-s, -x, -z* Es gibt Nomen, die bereits im Singular auf *-s*, *-x*, *-z* enden. Sie bekommen im Plural kein weiteres *-s*.	*un fils* *un pay**s*** *le pri**x*** *le ne**z***	*deux fils* *tous les pay**s*** *les pri**x*** *les ne**z***	ein Sohn ein Land der Preis die Nase	zwei Söhne alle Länder die Preise die Nasen
Nomen auf *-au, -eau, -al, -eu* Diese Nomen bekommen im Plural die Endung *-x*.	*le bureau* *le morceau* *le journal* *le feu* Ausnahme:	*les bureau**x*** *les morceau**x*** *les journau**x*** *les feu**x*** *le pneu, les pneus*	das Büro das Stück die Zeitung das Feuer der Reifen, die Reifen	die Büros die Stücke die Zeitungen die Feuer
Preisangaben, Uhrzeit Im Deutschen steht bei Preisangaben und Uhrzeiten immer nur der Singular; im Französischen jedoch der Plural.	*un euro* *un dollar* *une heure*	*cinq euro**s*** *cinq dollar**s*** *à dix heure**s***	ein Euro ein Dollar eine Stunde	fünf Euro fünf Dollar um zehn Uhr

Wichtige Sonderformen:

monsieur	**messieurs**	[mesjø]	mein Herr	meine Herren
madame	**mesdames**	[medam]	meine Dame	meine Damen

le bœuf	**les bœufs**	[bø]	der Ochse	die Ochsen
l'œuf	**les œufs**	[ø]	das Ei	die Eier
l'œil	**les yeux**	[jø]	das Auge	die Augen

le travail	**les travaux**		die Arbeit	die Arbeiten

le bijou	**les bijoux**	das Schmuckstück	die Schmuckstücke
le caillou	**les cailloux**	der Kieselstein	die Kieselsteine
le genou	**les genoux**	das Knie	die Knie

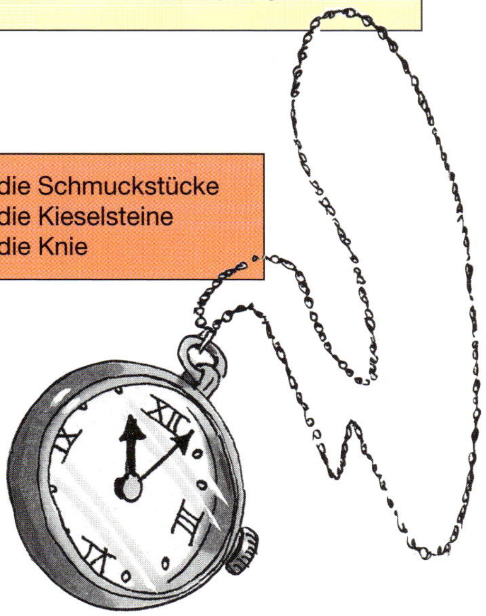

Il est onze heure**s**.

3 Der Artikel *(L'article)*

Grundregel:

Die beiden bestimmten Artikel sind *le* (masulin) und *la* (féminin), im Plural *les* (für beide grammatische Geschlechter).
Die beiden unbestimmten Artikel sind *un* (masculin) und *une* (féminin), im Plural *des* (für beide grammatische Geschlechter).

Singular	*Plural*
le, la (l')	**les**
un, une	**des**

le *touriste,* ***les*** *touristes*	der Tourist, die Touristen
un *touriste,* ***des*** *touristes*	ein Tourist, – Touristen
le *voyage,* ***les*** *voyages*	die Reise, die Reisen
un *voyage,* ***des*** *voyages*	eine Reise, – Reisen
la *photo,* ***les*** *photos*	das Foto, die Fotos
une *photo,* ***des*** *photos*	ein Foto, – Fotos

Weitere Regeln:

Sonderform des bestimmten Artikels: *l'* Vor Wörtern, die mit Vokal oder stummem *h* beginnen, steht statt *le*, *la* immer *l'*	***l'****Allemagne* ***l'****eau,* ***l'****océan* ***l'****hôtel,* ***l'****homme* ***l'****autre monsieur,* ***l'****ancien directeur*	Deutschland das Wasser, der Ozean das Hotel, der Mensch der andere Herr, der ehemalige Direktor
des Im Gegensatz zum Deutschen gibt es im Französischen einen Plural des unbestimmten Artikels: *des*. Er drückt eine unbestimmte Anzahl aus.	*un hôtel, deux hôtels …* ***des*** *hôtels* *une valise, deux valises …* ***des*** *valises*	ein Hotel, zwei Hotels … Hotels ein Koffer, zwei Koffer … Koffer
à **+ bestimmter Artikel** *à* + *le* ergibt *au*, *à* + *les* ergibt *aux*. (*à la* und *à l'* werden nicht ersetzt.)	*je vais téléphoner* ***au*** *directeur* *je vais téléphoner à l'école* *je vais téléphoner* ***aux*** *amis*	ich werde mit dem Direktor telefonieren ich werde mit der Schule telefonieren ich werde mit den Freunden telefonieren
de **+ bestimmter Artikel** *de* + *le* ergibt *du*, *de* + *les* ergibt *des*. (*de la* und *de l'* werden nicht ersetzt.)	*on a parlé* ***du*** *temps* *on a parlé de la pluie* *on a parlé* ***des*** *vacances*	wir haben über das Wetter gesprochen wir haben über den Regen gesprochen wir haben über die Ferien gesprochen
Artikel + Tageszeit/Wochentag *le matin …* bedeutet „jeden Morgen" *le dimanche …* bedeutet „jeden Sonntag"	***le*** *soir (= tous les soirs)* ***le*** *lundi (= tous les lundis)*	jeden Abend jeden Montag
Titel Der bestimmte Artikel steht zwischen *monsieur/madame* und dem Titel.	*Monsieur* ***le*** *Ministre* *Madame* ***le*** *Maire*	Herr Minister Frau Bürgermeister

Singular	*Plural*
au, à la	**aux**
du, de la	**des**

4 Der Teilungsartikel und das partitive *de* *(L'article partitif et le «de» partitif)*

Grundregel:

Den „Teilungsartikel" gibt es nur im Französischen, nicht im Deutschen. Der Teilungsartikel bezeichnet eine **unbestimmte Menge**. (Im Deutschen gebraucht man zur Bezeichnung einer unbestimmten Menge das Nomen ohne Artikel.)	*Pour faire des crêpes, il faut* ***de la*** *farine,* ***du*** *sucre,* ***du*** *sel,* ***de l'****eau,* ***de l'****huile …*	Um Crêpes zu machen, braucht man Mehl, Zucker, Salz, Wasser, Öl… (Die genauen Mengen sind nicht festgelegt.)

Formen:

Maskulinum:	**du**
Femininum:	**de la**
Vor Vokal und stummem h:	**de l'**

Weitere Regeln:

Nach **Mengenangaben** steht nicht der Teilungsartikel, sondern nur das partitive *de*. (Mengenangaben sind zum Beispiel: *beaucoup*, *peu*, *plus*, *assez*, *un kilo*.)	*Il faut 500* ***grammes de*** *farine,* ***beaucoup de*** *sucre, un* ***peu de*** *sel.*	Man braucht 500 Gramm Mehl, viel Zucker, wenig Salz.
Ausnahmen: Nach den Mengenangaben *la plupart* und *la moitié* steht *du*, *de la* oder *des*.	Ausnahmen: ***la plupart des*** *raisins* ***la moitié du*** *beurre*	die meisten Weintrauben die Hälfte der Butter
Nach **Verneinungen** steht nicht der Teilungsartikel, sondern nur das partitive *de*.	*Dans les crêpes il* ***n'****y a* ***pas de*** *viande. On* ***ne*** *prend* ***pas de*** *vinaigre.*	In den Crêpes ist kein Fleisch. Man braucht keinen Essig.
Ausnahme: Wenn *être* verneint wird, steht *du*, *de la* oder *des*.	Ausnahme: *C'est du vin, ce* ***n'est pas du*** *vinaigre.*	Das ist Wein, das ist nicht Essig.

Wichtige Einzelfälle:

Es gibt **viele Redewendungen**, die **keinen Teilungsartikel** haben.

avoir faim	Hunger haben	*faire attention (à qc)*	aufpassen	*porter bonheur*	Glück bringen
avoir soif	Durst haben	*faire partie (de qc)*	gehören (zu)	*porter malheur*	Unglück bringen
avoir peur (de faire qc)	Angst haben	*faire peur*	Angst machen		
avoir raison	Recht haben	*faire plaisir*	Spaß machen	*prendre part (à qc)*	teilnehmen
avoir tort	Unrecht haben	*faire preuve (de qc)*	unter Beweis stellen	*prendre place*	Platz nehmen
avoir envie (de faire qc)	Lust haben			*prendre position*	Stellung nehmen
avoir honte (de faire qc)	sich schämen	*mettre fin (à qc)*	beenden		
				rendre justice	Gerechtigkeit erweisen
demander conseil (à qn)	um Rat fragen	*perdre courage*	den Mut verlieren	*rendre service*	einen Dienst erweisen
demander pardon (à qn)	um Verzeihung bitten	*perdre patience*	die Geduld verlieren	*se rendre compte (de qc)*	sich klar werden

Besondere Schwierigkeit:

Wie ist **„brauchen"** ins Französische zu übersetzen? Mit drei Wörtern: ***avoir besoin de***	Ich **brauche** dein Wörterbuch. Sie **braucht** Geld.	***J'ai besoin de*** *ton dictionnaire.* ***Elle a besoin d'****argent.*

5 Das Personalpronomen – Subjektpronomen *(Le pronom personnel – sujet)*

Grundregel:

Singular	Plural
je **tu** **il, elle**	**nous** **vous** **ils, elles**
moi **toi** **lui, elle**	**nous** **vous** **eux, elles**

Das Personalpronomen steht für ein Nomen, das man nicht wiederholen will. Wenn das Personalpronomen das Subjekt im Satz ist, nennt man es Subjektpronomen.	***Julie** a téléphoné.* ***Elle** a téléphoné.* ***Elle** a dit qu'**elle** ne viendra pas ce soir.*	Julia hat telefoniert. Sie hat telefoniert. Sie hat gesagt, dass sie heute Abend nicht kommt.

Weitere Regeln:

Höflichkeitsform Die „Höflichkeitsform“ ist im Französischen ***vous***.	*S'il **vous** plaît …* *Que désirez-**vous**, monsieur?* *Que dites-**vous**, madame?*	Wenn es Ihnen gefällt …/Bitte … Was wünschen Sie, mein Herr? Was sagen Sie, meine Dame?
on Statt *nous* wird oft ***on*** (man) verwendet.	***On** est fatigué. (= Nous sommes fatigués.)* ***On** a faim. (= Nous avons faim.)*	Wir sind müde. Wir haben Hunger.
***moi**, **toi**, **lui** …* Diese Personalpronomen werden zum Beispiel verwendet, wenn sie allein stehen (ohne Verb) oder zur Betonung.	*Qui a frappé? **Moi**.* *Qui a perdu les clefs? **Toi**?* ***Moi**, je n'ai rien perdu.* ***Lui**, il est venu tout seul.*	Wer hat geklopft? Ich. Wer hat die Schlüssel verloren? Du? **Ich** habe nichts verloren. **Er** ist ganz allein gekommen.

Beachte besonders:

ce, il, cela (= es) Das deutsche Pronomen „es“ wird im Französischen übersetzt mit *ce*, *il*, *cela*. Dabei sind folgende Regeln zu beachten:		
1. ***Ce*** steht vor *être*.	***C' est** vrai. **C'est** normal.* ***C'est** un plaisir.*	Das ist wahr. Das ist normal. Es ist ein Vergnügen.
2. ***Il*** steht jedoch vor *être*, wenn Adjektiv + Infinitiv folgen. ***Il*** steht jedoch vor *être*, wenn ein *que*-Satz folgt.	***Il est facile** de **dire** non.* ***Il est vrai que** Julie est en vacances?*	Es ist einfach „nein“ zu sagen. Ist es wahr, dass Julia im Urlaub ist?
3. ***Il*** steht vor allen unpersönlichen Verben. (Sie können nur mit „es“ gebildet werden, nicht mit „ich, du …“)	***il** faut attendre, **il** y a une erreur* ***il** pleut, **il** neige*	man muss warten, es gibt einen Irrtum es regnet, es schneit
4. ***Cela*** steht sonst.	***Cela** vous intéresse?* ***Cela** me plaît beaucoup.*	Es interessiert Sie? Es gefällt mir sehr.

6 Das Personalpronomen – Objektpronomen *(Le pronom personnel – le pronom personnel objet)*

Grundregel:

Das Personalpronomen kann auch für Nomen stehen, die **Objekt** sind.
Im Französischen gibt es zwei verschiedene Objekte:
1. *Direkte* Objekte: Das Objekt steht direkt hinter dem Verb.
2. *Indirekte* Objekte: Zwischen Verb und Objekt steht die Präposition *à*.

Entsprechend gibt es direkte und indirekte Objektpronomen.

Direkte Objektpronomen:

Singular	*Plural*
me	**nous**
te	**vous**
le, la	**les**

Indirekte Objektpronomen:

me	**nous**
te	**vous**
lui	**leur**

*Tu connais **Jean-Pierre**?* — Kennst du Jean-Pierre?
(= direktes Objekt)
*Oui, je **le** connais.* — Ja, ich kenne ihn.
(= direktes Objektpronomen)

*Tu as téléphoné **à Jean-Pierre**?* — Hast du mit Jean-Pierre telefoniert?
(= indirektes Objekt)
*Oui, je **lui** ai téléphoné.* — Ja, ich habe mit ihm telefoniert.
(= indirektes Objektpronomen)

Beachte: *lui* bedeutet: *ihm* und *ihr*
*Je **lui** dis bonjour.* — Ich sage **ihm** guten Tag. / Ich sage **ihr** guten Tag.

Weitere Regeln:

Mehrere Objektpronomen
Es kommt vor, dass mehrere Objektpronomen im Satz vorkommen. Dann stehen die indirekten Objektpronomen (*me*, *te*, *se*, *nous*, *vous*) vor den direkten Objektpronomen (*le*, *la*, *les*) und diese vor den indirekten Objektpronomen (*lui*, *leur*).

me te se nous vous	le la les	lui, leur

*Je **le lui** demande.*	Ich frage es ihn.
*Il **me le** dit.*	Er sagt es mir.
*Je **vous le** conseille.*	Ich rate es Ihnen.

Stellung der Objektpronomen im Satz (die wichtigsten Regeln)
Das Objektpronomen steht

– vor dem Verb	*Je **le vois**. Je **l'ai** vu.* *Elle ne **me voit** pas.*	Ich sehe ihn. Ich habe ihn gesehen. Sie sieht mich nicht.
– vor dem Infinitiv	*Je veux **la voir**.* *Je vais **la rencontrer**.*	Ich will sie sehen. Ich werde sie treffen.
– hinter dem Imperativ (Statt *me*, *te* verwendet man *moi*, *toi*.)	***Donne-moi** le journal.*	Gib mir die Zeitung.
Wenn hinter dem Verb eine andere Präposition als *à* steht, rückt das Objektpronomen hinter die Präposition. (Man verwendet: *moi, toi, lui, elle, nous, vous, eux, elles*.)	*Tu viendras **chez moi**?* *Je viendrai **avec lui**?*	Kommst du zu mir? Ich komme mit ihm?

Beachte die Redewendungen:

Ce vélo est à moi.	Dieses Fahrrad gehört mir.
Je pense à elle.	Ich denke an sie.

Je l'entends chanter.	Ich höre sie singen.
Je le laisse entrer.	Ich lasse ihn hereinkommen.
Je le vois venir.	Ich sehe ihn kommen.
Je lui propose de sortir.	Ich schlage ihr vor auszugehen.

7 Das Demonstrativpronomen *(L'adjectif démonstratif/le pronom démonstratif)*

Grundregel:

Das Französische unterscheidet das *adjectif démonstratif* (es steht vor einem Nomen)

und das *pronom démonstratif* (es steht allein).

L'adjectif démonstratif:

Singular	*Plural*
ce (cet) **cette**	**ces**

Le pronom démonstratif:

celui(-ci) **celle(-ci)** **ceci**	**ceux(-ci)** **celle(-ci)**

ce *monsieur,* ***cette*** *dame*	dieser Herr, diese Dame
ces *films,* ***ces*** *émissions*	diese Filme, diese Sendungen
celui-ci *me plaît*	dieser gefällt mir

Beachte: Vom *adjectif démonstratif* gibt es im Plural nur eine Form: *ces.*
ce monsieur – ***ces*** *messieurs*
cette dame – ***ces*** *dames*

Weitere Regeln:

Sonderform: *cet* Vor Wörtern, die mit Vokal oder stummem *h* beginnen, steht statt *ce* immer *cet*.	***cet a****mi,* ***cet h****omme* ***cet a****ncien ministre*	dieser Freund, dieser Mann dieser ehemalige Minister

celui/celui-ci *celui* steht ohne *-ci* oder *-là*,		
– wenn eine Ergänzung mit *de* folgt oder	*À qui est le vélo?* *C'est* ***celui de*** *Lara.*	Wem gehört das Fahrrad? Es ist das von Lara.
– wenn ein Relativsatz folgt.	***Ceux qui*** *étaient là …* *C'est* ***celle que*** *je connais.*	Diejenigen, die da waren … Das ist diejenige, die ich kenne.
Sonst steht *celui* immer mit *-ci* oder *-là*.	*Tu connais quelqu'un?* *Oui,* ***celui-ci*** *est Marc.*	Kennst du jemanden? Ja, dieser ist Mark.
ceci/cela *ceci* und *cela* werden ohne Bindestrich geschrieben. (Beim Sprechen verwendet man für *cela* nur *ça*.)	***Ceci*** *me plaît,* ***cela*** *pas.* ***Ça*** *ne me plaît pas du tout.*	Dies gefällt mir, das nicht. Das gefällt mir gar nicht.

Sonderfall:

***ce* + Tageszeit**
ce *matin,* ***cet*** *après-midi,* ***ce*** *soir …* — **heute** Morgen, **heute** Nachmittag, **heute** Abend …

8 Das Possessivpronomen *(L'adjectif possessif)*

Grundregel:

Das Possessivpronomen weist auf den Besitzer hin.
Es steht vor dem Nomen.

Ein Besitzer	*Mehrere Besitzer*
mon, ma, mes	**notre, nos**
ton, ta, tes	**votre, vos**
son, sa, ses	**leur, leurs**

mon *chien*, ***ton*** *chien*	mein Hund, dein Hund
ma *voiture*, ***ta*** *voiture*	mein Auto, dein Auto

Die „Höflichkeitsformen" sind ***votre***, ***vos***

Regeln im Einzelnen:

Sonderformen
Vor Wörtern, die mit Vokal oder stummem *h* beginnen, steht statt *ma*, *ta*, *sa* immer *mon*, *ton*, *son*.

mon a*mie*	meine Freundin
ton a*dresse*	deine Adresse
son a*ncienne femme de ménage*	seine ehemalige Putzfrau

son, sa, ses
Diese Possessivpronomen haben zwei Bedeutungen:
„sein/seine" und „ihr/ihre",
je nachdem ob der Besitzer männlich oder weiblich ist.

son *chien* → sein Hund / ihr Hund

ses *amis* → seine Freunde / ihre Freunde

Madame Dubois aime les animaux.

Voilà ***son*** *chien*
(**ihr** Hund)

son *chat*
(**ihre** Katze)

et ***son*** *canari*
(**ihr** Kanarienvogel)

leur, leurs
leur/leurs gebraucht man, wenn mehrere Besitzer vorhanden sind.
leur zeigt an, dass **ein** gemeinsamer Besitz vorhanden ist.
*leur***s** zeigt an, dass **mehrere** gemeinsame Besitze vorhanden sind.

Marc, Julie et ***leur*** *ami Paul*	Mark, Julia und ihr Freund Paul
Marc, Julie et ***leurs*** *amis*	Mark, Julia und ihre Freunde
les parents et ***leur*** *fille*	die Eltern und ihre Tochter
les parents et ***leurs*** *deux filles*	die Eltern und ihre beiden Töchter

9 Das Relativpronomen *(Le pronom relatif)*

Grundregel:

Regel	Singular	Plural	Beispiele
Das Relativpronomen verbindet den Relativsatz mit seinem Beziehungswort (Nomen oder Pronomen). Die beiden häufigsten Relativpronomen sind *qui* und *que*. **qui** ist das **Subjekt** im Relativsatz. **que** ist das **Objekt** im Relativsatz.	**qui** **que**	(Subjekt) (Objekt)	*Regarde cette photo **qui est belle**.* (*qui* ist Subjekt) *Regarde cette photo **que j'ai prise***. (*que* ist Objekt – *je* ist Subjekt) Sieh dieses Foto, das hübsch ist. Sieh dieses Foto, das ich gemacht habe.

Sonderformen:

Regel	Singular	Plural	Beispiele
Vom Relativpronomen gibt es viele Sonderformen, wenn eine Präposition (*à*, *de*, *avec*, *sur* …) vorausgeht. – ***à*** **+ Relativpronomen** Ausnahme: Wenn sich das Relativpronomen auf eine Person bezieht, verwendet man *à qui*.	**auquel** **à laquelle**	**auxquels** **auxquelles**	*Ce bon dictionnaire **auquel** je pense …* Dieses gute Wörterbuch, an das ich denke … *Une émission **à laquelle** je m'intéresse* Eine Sendung, für die ich mich interessiere … *C'est le directeur **à qui** tu as parlé?* Ist das der Direktor, mit dem du gesprochen hast?
– ***de*** **+ Relativpronomen**	**dont**		*Tu connais le film **dont** on parle maintenant?* Kennst du den Film, über den man jetzt spricht? *Voici le dictionnaire **dont** j'ai besoin.* Hier ist das Wörterbuch, das ich brauche.
– **sonstige Präposition + Relativpronomen**	**sur lequel** **sur laquelle**	**sur lesquels** **sur lesquelles**	*La solution **pour laquelle** je me suis décidé …* Die Lösung, für die ich mich entschieden habe … *Voici l'ordinateur **avec lequel** je travaille.* Hier ist der Computer, mit dem ich arbeite.
Wenn das Beziehungswort *quelque chose* oder *rien* ist und eine Präposition folgt, steht *quoi*.	**quoi**		*C'est **quelque chose de quoi** je m'occuperai.* Das ist etwas, womit ich mich beschäftigen werde. *C'est **rien de quoi** je m'intéresserais.* Das ist nichts, was mich interessieren würde.
Wenn sich der Relativsatz auf kein bestimmtes Wort des übergeordneten Satzes bezieht, gebraucht man – auf Deutsch „was“, – auf Französisch *ce qui* (Subjekt), *ce que* (Objekt)	**ce qui** (Subjekt) **ce que** (Objekt)		*Dis-moi **ce qui** t'intéresse.* Sag mir, was dich interessiert. *Je vais te raconter **ce que** j'ai vu et entendu.* (*je* ist Subjekt) Ich werde dir erzählen, was ich gesehen und gehört habe.

10 tout, chaque, chacun

tout

1. *tout* kann vor einem Nomen stehen.
   Die Formen sind *tout le* (der ganze), *toute la* (die ganze), *tous les* (alle), *toutes les* (alle).
2. *tout* kann auch allein im Satz stehen.
   Die Formen sind: *tous*, *toutes* (alle), *tout* (alles).

Singular	*Plural*
tout le **toute la**	**tous les** **toutes les**
	tous [tus] **toutes** **tout**

tout le *dictionnaire*	das ganze Wörterbuch
toute la *grammaire*	die ganze Grammatik
tous les *exemples*	alle Beispiele
toutes les *exceptions*	alle Ausnahmen
Les amis? ***Tous*** *sont là.*	Die Freunde? Alle sind da.
Les filles? Je les connais ***toutes***.	Die Mädchen? Ich kenne sie alle.
Tout *est préparé.*	Alles ist vorbereitet.

Weitere Regeln:

tout **+ Demonstrativpronomen/Possessivpronomen** Zwischen *tout* und dem Nomen kann auch ein Demonstrativpronomen oder ein Possessivpronomen stehen.	*toutes* ***ces*** *préparations* *tous* ***mes*** *amis* *toute* ***sa*** *vie*	alle diese Vorbereitungen alle meine Freunde ihr ganzes Leben
tout **+ Relativsatz** Wenn an ein allein stehendes *tout* ein Relativsatz angefügt werden soll, steht *tous ceux*, *toutes celles*, *tout ce*.	***Tous ceux*** *qui sont venus …* *J'ai compris* ***tout ce*** *qu'il a dit.*	Alle die gekommen sind … Ich habe alles verstanden, was er gesagt hat.

Schwierige Sonderfälle:

Redewendungen mit *tout*		Nach *tout le monde* (alle) steht das Verb im Singular.	
tout *de suite*	sofort	*Tout le monde* ***est*** *venu.*	Alle sind gekommen.
tout *à l'heure*	vorhin/bald	*Tout le monde* ***a*** *compris?*	Haben alle verstanden?
en ***tout*** *cas*	auf jeden Fall		

Tout le monde s'amuse très bien.

chaque, chacun

1. *Chaque* (jeder/jede) steht vor dem Nomen. Es gibt nur eine Form.
2. *Chacun/chacune* stehen allein.

chaque	
chacun	
chacune	

chaque *jour,* ***chaque*** *nuit*	jeden Tag, jede Nacht
chacun *de nous*	jeder von uns
chacune *est contente*	jede ist zufrieden

Beachte die Schreibung:

*chac**un**/chac**une*** aber: *quel**qu'**un/quel**qu'**une*

11 Das Adjektiv – Veränderlichkeit *(L'adjectif – l'accord)*

Grundregel:

Jedes Akjektiv hat im Französischen vier Formen: Maskulinum Singular: keine Endung — Femininum Singular: Endung ***-e***. Maskulinum Plural: Endung ***-s*** — Femininum Plural: Endung ***-es***	*un grand garçon, une grand**e** fille* *des grand**s** arbres* *des grand**es** maisons*	ein großer Junge, ein großes Mädchen große Bäume große Häuser

Besonderheiten:

Es gibt viele Adjektive, die im Singular Maskulinum die Endung *-e* haben. Maskulinum und Femininum unterscheiden sich dann nicht: ***aimable, agréable, aveugle*** (blind), ***calme*** (ruhig), ***capable, célèbre*** (berühmt), ***confortable, difficile, énorme, facile, faible*** (schwach), ***fidèle*** (treu), ***formidable, gauche, habile*** (geschickt), ***jaune*** (gelb), ***jeune, juste, large, libre, logique, magnifique, malade, moderne, nécessaire, pauvre*** (arm), ***possible, rapide, rare*** (selten), ***responsable*** (verantwortlich), ***riche, ridicule*** (lächerlich), ***rouge, sale*** (schmutzig), ***simple, terrible, tranquille*** (ruhig), ***triste, utile, vide*** (leer) …	*un voisin agréabl**e*** *une voisine agréabl**e*** *un problème facil**e*** *une question facil**e*** *un jeun**e** homme* *une jeun**e** dame* *Marc est malad**e**.* *Julie est malad**e**.*	ein angenehmer Nachbar eine angenehme Nachbarin ein einfaches Problem eine einfache Frage ein junger Mann eine junge Dame Mark ist krank. Julia ist krank.
Einige Adjektive haben im Maskulinum Singular die Endung *-s*. Bei ihnen unterscheiden sich Maskulinum Singular und Plural nicht: ***anglais, confus, divers, français, gris, mauvais, précis, promis*** (versprochen) …	*un touriste françai**s*** *deux touristes françai**s*** *un mauvai**s** roman* *plusieurs mauvai**s** romans*	ein französischer Tourist zwei französische Touristen ein schlechter Roman mehrere schlechte Romane
Einige französische Adjektive sind unveränderlich. Alle Formen sind gleich.	*la musique pop* *un modèle sport* *une fille sympa* *(deux filles sympas)* *un pull chic* *(deux pulls chics)*	die Popmusik ein sportliches Modell ein sympathisches Mädchen ein schicker Pullover

Schwierige Adjektive:

Drei Adjektive haben zwei Formen im Maskulinum Singular. Eine Form vor Wörtern, die mit Konsonant beginnen, die andere vor Wörtern, die mit Vokal beginnen.		
*un **beau** monsieur – un **bel** homme* *une belle femme* *les beaux messieurs* *les belles femmes*	*un **nouveau** modèle – un **nouvel** appareil* *une nouvelle voiture* *les nouveaux appareils* *les nouvelles voitures*	*un **vieux** monsieur – un **vieil** homme* *une vieille dame* *les vieux messieurs* *les vieilles dames*

12 Unregelmäßige Adjektive *(Des adjectifs irréguliers)*

	männlich	*weiblich*		*ebenso*
-c	**blanc** **blancs**	**blanche** **blanches**	weiß	**franc** (frei)
	sec **secs**	**sèche** **sèches**	trocken	
	public **publics**	**publique** **publiques**	öffentlich	**caduc** (hinfällig), **turc** (türkisch)
-f	**sportif** **sportifs**	**sportive** **sportives**	sportlich	**actif, attentif** (aufmerksam), **neuf** (neu), **vif** (lebhaft) …
	bref **brefs**	**brève** **brèves**	kurz	
-g	**long** **longs**	**longue** **longues**	lang	
-l	**amical** **amicaux**	**amicale** **amicales**	freundschaftlich	**brutal, original, principal,** **spécial** …
	actuel **actuels**	**actuelle** **actuelles**	aktuell	**criminel, cruel** (grausam), **essentiel, mortel, réel,** **sensationnel, visuel** …
	pareil **pareils**	**pareille** **pareilles**	ähnlich	**gentil** (freundlich)
-n	**bon** **bons**	**bonne** **bonnes**	gut	**ancien** (ehemalig), **européen,** **moyen** (mittelmäßig)
-r	**premier** **premiers**	**première** **premières**	erste	**dernier, entier, étranger** (ausländisch), **familier, léger** (leicht), **régulier** …

	männlich	*weiblich*		*ebenso*
	cher **chers**	**chère** **chères**	lieb	**amer** (bitter), **fier** (stolz)
-s	**bas** **bas**	**basse** **basses**	niedrig	**épais** (dick), **gros, las** (müde) …
	frais **frais**	**fraîche** **fraîches**	frisch	
-t	**sot** **sots**	**sotte** **sottes**	dumm	
	secret **secrets**	**secrète** **secrètes**	geheim	**complet, concret, discret,** **inquiet** (unruhig)
-u	**aigu** **aigus**	**aiguë** **aiguës**	spitz	
-x	**heureux** **heureux**	**heureuse** **heureuses**	glücklich	**amoureux, courageux** (mutig), **curieux, dangereux,** **sérieux** (ernst), **silencieux** …
	faux **faux**	**fausse** **fausses**	falsch	**roux** (rothaarig)

Julie est
sporti**ve**
genti**lle**
courageu**se**

Marc est
sporti**f**
genti**l**
courageu**x**

13 Das Adjektiv – Steigerung und Stellung *(L'adjectif – les degrés et la place)*

Steigerung

Adjektive werden gesteigert mit *plus*, *le*/*la plus*.

le plus haut

plus haut

haut

Wichtige Ausnahme:

bon (gut) – meilleur – le meilleur *bonne – meilleure – la meilleure*	*un **bon** ami, mon **meilleur** ami* *une **bonne** occasion, la **meilleure** occasion*	ein guter Freund, mein bester Freund eine gute Gelegenheit, die beste Gelegenheit

Stellung

Fast alle Adjektive stehen *hinter* ihrem Nomen.	*la route **nationale*** *les voitures **rapides*** *la circulation **intense***	die Nationalstraße die schnellen Autos der dichte Verkehr
Neun Adjektive stehen jedoch immer *vor* dem Nomen: ***beau*** (schön), ***bon*** (gut), ***grand*** (groß), ***gros*** (dick), ***jeune*** (jung), ***joli*** (hübsch), ***mauvais*** (schlecht), ***petit*** (klein), ***vieux*** (alt).	*un **bon** résultat* *une **belle** fille* *le **mauvais** temps*	ein gutes Resultat ein hübsches Mädchen das schlechte Wetter

Wichtige Sonderfälle:

Einige Adjektive haben eine unterschiedliche Bedeutung, wenn sie *vor* oder wenn sie *hinter* dem Nomen stehen. Zum Beispiel:	***cher** ami* *la voiture **chère*** *un **noble** caractère* *une famille **noble***	lieber Freund das teure Auto ein edler Charakter eine adlige Familie

Zwischen *quelque chose*/*rien* und dem folgenden Adjektiv steht immer *de*.	*quelque chose **d'**intéressant* *rien **d'**exceptionnel*	etwas Interessantes nichts Besonderes

14 Das Adverb *(L'adverbe)*

Grundregel:

Im Deutschen kann man jedes Adjektiv auch als Adverb gebrauchen, im Französischen nicht.
Das **Adjektiv** bezieht sich immer auf ein **Nomen** oder ein Pronomen.
Das **Adverb** bezieht sich auf ein **Verb** (manchmal auf ein Adjektiv oder ein anderes Adverb).

*L'explication est **claire**.*

*On m'a **clairement** expliqué la règle.*

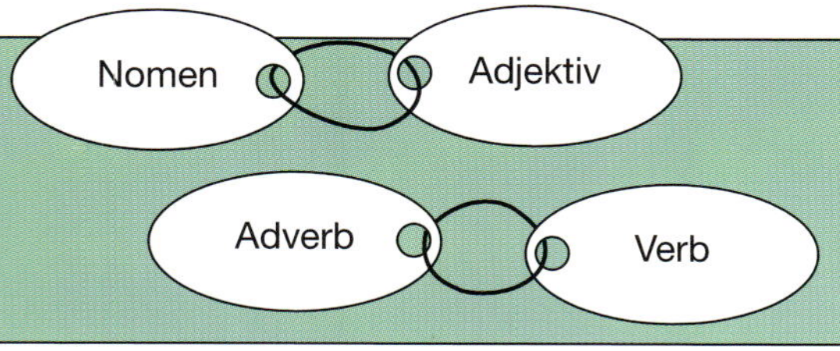

Weitere Regeln:

Bildung der abgeleiteten Adverbien
Die meisten von Adjektiven abgeleiteten Adverbien haben die Endung *-ment*.
Diese Endung wird an die weibliche Form des Adjektivs angefügt.

Adjektiv	Adverb	
clair, claire	*claire**ment***	klar
sérieux, sérieuse	*sérieuse**ment***	ernsthaft
facile, facile	*facile**ment***	leicht
rare, rare	*rare**ment***	selten

Adjektive als Adverbien
Einige wenige Adjektive kann man auch als Adverbien benutzen: *cher*, *clair*, *dur*, *faux*, *haut*

L'essence coûte cher.	Benzin ist teuer.
Il faut travailler dur.	Man muss hart arbeiten.
Écoute, tu chantes faux.	Hör, du singst falsch.

Unregelmäßige Adverbien:

bon, bonne	**bien**	gut
mauvais, mauvaise	**mal**	schlecht
énorme, énorme	**énormément**	enorm
confus, confuse	**confusément**	verwirrt
précis, précise	**précisément**	genau
profond, profonde	**profondément**	tief
rapide, rapide	**rapidement/vite**	schnell
gentil, gentille	**gentiment**	nett
prudent, prudente	**prudemment**	klug
constant, constante	**constamment**	beständig
évident, évidente	**évidemment**	offensichtlich
vrai, vraie	**vraiment**	wirklich
absolu, absolue	**absolument**	absolut
poli, polie	**poliment**	höflich

15 Das Präsens *(Le présent)*

Formen:

Die regelmäßigen Verben auf *-er* bilden das Präsens
mit dem Stamm des Infinitivs
und den Endungen ***-e, -es, -e, -ons, -ez, -ent***

*je cherch**e***	*tu cherch**es***	*il cherch**e***
*nous cherch**ons***	*vous cherch**ez***	*ils cherch**ent***

Die regelmäßigen Verben auf *-re* bilden das Präsens
mit dem Stamm des Infinitivs
und den Endungen ***-s, -s, -t***[1], ***-ons, -ez, -ent***

*j'attend**s***	*tu attend**s***	*it attend*
*nous attend**ons***	*vous attend**ez***	*ils attend**ent***

([1] wenn der Stamm nicht mit *-d* oder *-t* endet.)

Die regelmäßigen Verben auf *-ir* bilden das Präsens
mit dem Stamm des Infinitivs
und den Endungen ***-is, -is, -it, -issons, -issez, -issent***

*je fin**is***	*tu fin**is***	*il fin**it***
*nous fin**issons***	*vous fin**issez***	*ils fin**issent***

Gebrauch:

Der Gebrauch des französischen *présent* entspricht weitgehend dem deutschen Präsens.

*Mon père **est** assis dans son fauteuil*[2].
*Il **lit** le journal.*
*Ma mère **prépare** le café.*
*Mon père ne **va** pas à l'usine*[3].
*Il **a** maintenant son congé annuel*[4].

[2] fauteuil: Sessel
[3] l'usine: Fabrik
[4] congé annuel: Jahresurlaub

Unregelmäßige Präsens-Formen:

	je	*tu*	*il/elle*	*nous*	*vous*	*ils/elles*
commencer (anfangen)	commence	commences	commence	commençons	commencez	commencent
manger (essen)	mange	manges	mange	mangeons	mangez	mangent
appeler (rufen)	appelle	appelles	appelle	appelons	appelez	appellent
jeter (werfen)	jette	jettes	jette	jetons	jetez	jettent
acheter (kaufen)	achète	achètes	achète	achetons	achetez	achètent
espérer (hoffen)	espère	espères	espère	espérons	espérez	espèrent
employer (gebrauchen)	emploie	emploies	emploie	employons	employez	emploient
payer (bezahlen)	paie	paies	paie	payons	payez	paient
avoir	**ai**	**as**	**a**	**avons**	**avez**	**ont**
être	**suis**	**es**	**est**	**sommes**	**êtes**	**sont**
faire* (machen)	**fais**	**fais**	**fait**	**faisons**	**faites**	**font**
dire (sagen)	**dis**	**dis**	**dit**	**disons**	**dites**	**disent**
aller (gehen)	**vais**	**vas**	**va**	**allons**	**allez**	**vont**
voir (sehen)	**vois**	**vois**	**voit**	**voyons**	**voyez**	**voient**
savoir (wissen)	**sais**	**sais**	**sait**	**savons**	**savez**	**savent**
pouvoir (können)	**peux**	**peux**	**peut**	**pouvons**	**pouvez**	**peuvent**
vouloir (wollen)	**veux**	**veux**	**veut**	**voulons**	**voulez**	**veulent**
venir (kommen)	**viens**	**viens**	**vient**	**venons**	**venez**	**viennent**
prendre (nehmen)	**prends**	**prends**	**prend**	**prenons**	**prenez**	**prennent**
croire (glauben)	**crois**	**crois**	**croit**	**croyons**	**croyez**	**croient**
mettre (legen)	**mets**	**mets**	**met**	**mettons**	**mettez**	**mettent**

* Diese Liste enthält die am häufigsten verwendeten unregelmäßigen Verben.

16 Das Futur composé und das Passé récent *(Le futur composé et le passé récent)*

Das Futur composé *(Le futur composé)*

Formen:

Alle Verben bilden das *futur composé*
mit dem Präsens von ***aller***
und ihrem Infinitiv.

*je **vais** commencer*	*tu **vas** commencer*	*il **va** commencer*
*nous **allons** commencer*	*vous **allez** commencer*	*ils **vont** commencer*

(Es gibt keine Ausnahmen!)

Gebrauch:

Das *futur composé* hat noch andere Bezeichnungen, die auf den Gebrauch hinweisen:
futur proche (nahe Zukunft), *futur immédiat* (unmittelbare Zukunft).
Das *futur composé* drückt aus, dass ein Vorgang **gleich** stattfinden wird.

Paul est impatient:
Paul ist ungeduldig:
*Je **vais téléphoner** à Catherine.*
Ich werde gleich mit Katharina telefonieren.
*Je **vais** lui **dire** que je l'attends déjà longtemps.*
Ich werde ihr sagen, dass ich schon lange auf sie warte.
*Si elle ne vient pas, je **vais sortir** sans elle.*
Wenn sie nicht kommt, werde ich ohne sie ausgehen.

Das Passé récent *(Le passé récent)*

Formen:

Alle Verben bilden das *passé récent*
mit dem Präsens von ***venir***, der Präposition ***de***
und ihrem Infinitiv.

*je **viens de** commencer*	*tu **viens de** commencer*	*il **vient de** commencer*
*nous **venons de** commencer*	*vous **venez de** commencer*	*ils **viennent de** commencer*

(Es gibt keine Ausnahmen!)

Gebrauch:

Das *passé récent* wird auf Deutsch *unmittelbare Vergangenheit* genannt.
Das *passé récent* drückt aus, dass ein Vorgang **soeben** stattgefunden hat.

*On **vient de sonner** à la porte.*
Man hat soeben an der Tür geklingelt.
*Paul **vient d'ouvrir** la porte.*
Paul hat soeben die Tür geöffnet.
Catherine dit:
*Je **viens de voir** un accident grave.*
Katharina sagt:
Ich habe gerade einen schweren Unfall gesehen.
*Je **viens d'appeler** au secours, avec mon portatif.*
Ich habe gerade Hilfe geholt, mit meinem Handy.

17 Das Passé simple *(Le passé simple)*

Formen:

Die regelmäßigen Verben auf *-er* bilden das *Passé simple*
mit dem Stamm des Infinitivs
und den Endungen ***-ai, -as, -a, -âmes, -âtes, -èrent***

*je commenç**ai***	*tu commenç**as***	*il commenç**a***
*nous commenç**âmes***	*vous commenç**âtes***	*ils commenc**èrent***

Die regelmäßigen Verben auf *-re* und *-ir* bilden das *Passé simple*
mit dem Stamm des Infinitivs
und den Endungen ***-is, -is, -it, -îmes, -îtes, -irent***

*j'attend**is***	*tu attend**is***	*il attend**it***
*nous attend**îmes***	*vous attend**îtes***	*ils attend**irent***
*je fin**is***	*tu fin**is***	*il fin**it***
*nous fin**îmes***	*vous fin**îtes***	*ils fin**irent***

Alle Formen sind hier vollständig aufgeführt. Wirklich verwendet werden nur noch die Formen mit ***je, il, ils***.

Gebrauch:

Dem deutschen Präteritum entsprechen im Französischen zwei Zeiten: das *Passé simple* und das *Imparfait*.
Das *Passé simple* bezeichnet Handlungen,
- die kurz sind,
- die aufeinander folgen und
- die im Gang des Erzählens neu einsetzen. (Frage: **Was geschah nun** . . . ?)

*Tout à coup, on **frappa** à la porte.*
*Sans hésiter[1] ma sœur **ouvrit** la porte.*
*Elle y **vit** son ami . . .*

[1] hésiter: zögern

Das *Passé simple* wird nicht beim Sprechen verwendet. Man liest es aber **in der Literatur**, nur dort wird es üblicherweise verwendet.

Unregelmäßige Passé-Simple-Formen:

	je	*il/elle*	*ils/elles*
commencer *(anfangen)*	commençai	commença	commencèrent
manger *(essen)*	mangeai	mangea	mangèrent
avoir	**eus**	**eut**	**eurent**
être	**fus**	**fut**	**furent**
faire (machen)	**fis**	**fit**	**firent**
dire (sagen)	**dis**	**dit**	**dirent**
aller (gehen)	**allai**	**alla**	**allèrent**
voir (sehen)	**vis**	**vit**	**virent**
savoir (wissen)	**sus**	**sut**	**surent**
pouvoir (können)	**pus**	**put**	**purent**
venir (kommen)	**vins**	**vint**	**vinrent**
prendre (nehmen)	**pris**	**prit**	**prirent**
croire (glauben)	**crus**	**crut**	**crurent**
mettre (legen)	**mis**	**mit**	**mirent**
partir (losgehen)	**partis**	**partit**	**partirent**
recevoir (bekommen)	**reçus**	**reçut**	**reçurent**
suivre (folgen)	**suivis**	**suivit**	**suivirent**
se taire (verstummen)	**me tus**	**se tut**	**se turent**

18 Das Imperfekt *(L'imparfait)*

Formen:

Alle regelmäßigen Verben bilden das *Imparfait*
mit dem Stamm der 1. Person Plural Präsens
und den Endungen ***-ais, -ais, -ait, -ions, -iez, -aient***
(Die Endungen *-ais, -ait, -aient* werden [ə] gesprochen.)

*je commenç**ais***	*tu commenç**ais***	*il commenç**ait***
*nous commenc**ions***	*vous commenc**iez***	*ils commenç**aient***
*j'attend**ais***	*tu attend**ais***	*il attend**ait***
*nous attend**ions***	*vous attend**iez***	*ils attend**aient***
*je finiss**ais***	*tu finiss**ais***	*il finiss**ait***
*nous finiss**ions***	*vous finiss**iez***	*ils finiss**aient***

Unregelmäßige Imparfait-Formen:

	je	*tu*	*il/elle*	*nous*	*vous*	*ils/elles*
commencer (anfangen)	commençais	commençais	commençait	commencions	commenciez	commençaient
manger (essen)	mangeais	mangeais	mangeait	mangions	mangiez	mangeaient
avoir	**avais**	**avais**	**avait**	**avions**	**aviez**	**avaient**
être	**étais**	**étais**	**était**	**étions**	**étiez**	**étaient**

Gebrauch:

Dem deutschen Präteritum entsprechen im Französischen zwei Zeiten: das *Passé simple* und das *Imparfait*.

Das *Imparfait* bezeichnet Zustände,
- die lange andauern,
- die gleichzeitig mit anderen stattfinden und
- die schon andauern, bevor man sie erwähnt.

(Frage: **Was war** ...?)

Marc attendait son amie.
Elle n'arrivait pas.
Marc était inquiet[1].

[1] inquiet: unruhig

Das *Imparfait* wird beim Sprechen und beim Schreiben verwendet.

Gegenüberstellung von Imparfait und Passé simple:

Un touriste était dans une petite ville de province.	(Was war ...?) Der Tourist war längere Zeit dort.
Il se promenait dans les rues tranquilles	(Was war ...?) Der Spaziergang dauerte längere Zeit.
et regardait les bâtiments avec curiosité.	(Was war ...?) Er sah sich die Gebaude längere Zeit an.
Tout à coup il vit une dame.	(Was geschah nun ...?) Plötzlich sah er eine Dame.
Il demanda à la dame:	(Was geschah nun ...?) Die Frage dauert – im Vergleich zum Spaziergang – nur kurze Zeit.
- Dites-moi, madame, s'il est né beaucoup de grands hommes dans votre ville?	
- Non, monsieur, répondit-elle. Chez nous on ne voit naître que de petits enfants.	(Was geschah nun ...?) Die Antwort ist nur kurz.

19 Das Futur *(Le futur simple)*

Formen:

Die regelmäßigen Verben auf *-er* bilden das Futur
mit der 3. Person Singular Präsens
und den Endungen ***-rai, -ras, -ra, -rons, -rez, -ront***

*il commence + ra: il commence**ra*** er wird anfangen

*je commence**rai***	*tu commence**ras***	*il commence**ra***
*nous commence**rons***	*vous commence**rez***	*ils commence**ront***

Die regelmäßigen Verben auf *-re* und *-ir* bilden das Futur
mit der 3. Person Singular Präsens (ohne die nicht gesprochene Endung *-t*)
und den Endungen ***-rai, -ras, -ra, -rons, -rez, -ront***

*j'attend**rai***	*tu attend**ras***	*il attend**ra***
*nous attend**rons***	*vous attend**rez***	*ils attend**ront***

*il fini(t) + ra: il fini**ra*** er wird aufhören

*je fini**rai***	*tu fini**ras***	*il fini**ra***
*nous fini**rons***	*vous fini**rez***	*ils fini**ront***

Beachte: Im Deutschen und im Englischen wird das Futur mit einem Hilfsverb gebildet, im Französischen nicht.

ich **werde** anfangen *je commencerai*

Gebrauch:

1. Im Gebrauch entsprechen sich das deutsche und das französische Futur.

   Ich werde mich darum kümmern.
   Je m'en occuperai.

2. Im Deutschen wird oft das Präsens verwendet, um etwas Zuküftiges auszudrücken. Im Französischen ist das auch möglich, aber selten.

   Morgen **komme** ich dich besuchen.
   Demain je viendrai te voir.

Unregelmäßige Futur-Formen:

appeler	il appellera	er wird rufen
jeter	il jettera	er wird werfen
acheter	il achètera	er wird kaufen
employer	il emploiera	er wird verwenden
payer	il paiera oder: il payera	er wird bezahlen

avoir	**j'aurai**	**tu auras**	**il aura**
	nous aurons	**vous aurez**	**ils auront**
être	**je serai**	**tu seras**	**il sera**
	nous serons	**vous serez**	**ils seront**

aller	il **ira**	er wird gehen
courir	il **courra**	er wird laufen
devoir	il **devra**	er wird müssen
envoyer	il **enverra**	er wird schicken
faire	il **fera**	er wird machen
falloir	il **faudra**	es wird nötig sein
mourir	il **mourra**	er wird sterben
pouvoir	il **pourra**	er wird können
recevoir	il **recevra**	er wird bekommen
savoir	il **saura**	er wird wissen
tenir	il **tiendra**	er wird halten
venir	il **viendra**	er wird kommen
voir	il **verra**	er wird sehen
vouloir	il **voudra**	er wird wollen

20 Gebrauch der Hilfsverben *avoir* und *être* *(L'emploi des auxiliaires «avoir» et «être»)*

Im Französischen wie im Deutschen werden die zusammengesetzten Zeiten mit Hilfsverben gebildet.
Im Deutschen sind es *haben* und *sein*.
Ich **habe** auf dich gewartet, aber du **bist** nicht gekommen.
Im Französischen sind die Hilfsverben *avoir* und *être*.

AVOIR

Grundregel:

Die meisten Verben bilden die zusammengesetzten Zeiten mit *avoir*.	
*J'**ai** attendu.*	Ich habe gewartet
*Tu n'**as** pas téléphoné.*	Du hast nicht telefoniert.
*J'**avais** eu peur.*	Ich hatte Angst bekommen.

Beachte besonders:

Auch *être* bildet die zusammengesetzten Zeiten mit *avoir*.	
*J'**ai été** malade.*	Ich **bin** krank **gewesen**.

ÊTRE

Grundregel:

14 Verben (die man sich merken muss) bilden die zusammengesetzten Zeiten mit *être*: *aller, venir – arriver, partir, retourner – entrer, sortir – rester, demeurer – monter, descendre, tomber – naître* (geboren werden), *mourir*	
*Je **suis arrivé**.*	Ich bin angekommen.
*Mais elle **est partie**.*	Aber sie ist weggegangen.

Beachte besonders:

Alle reflexiven Verben bilden die zusammengesetzten Zeiten mit *être*. (Reflexive Verben haben beim Infinitiv *se*.)	
*Je me **suis** lavé.*	Ich **habe** mich gewaschen.
*Elle s'**est** dépêchée.*	Sie **hat** sich beeilt.

Weitere Regel:

Das Passiv wird mit *être* gebildet.	
*L'enfant **est** mordu par le chien.*	Das Kind wurde von dem Hund gebissen.

Einige französische Verben bilden die zusammengesetzten Zeiten mit ***avoir*** – die entsprechenden deutschen Verben aber mit ***sein***.

*il **a** avancé*	er **ist** vorangekommen
*il **a** couru*	er **ist** gelaufen
*il **a** décollé*	er **ist** gestartet
*il **a** disparu*	er **ist** verschwunden
*il **a** fui*	er **ist** geflohen
*il **a** grandi*	er **ist** groß geworden
*il **a** grimpé*	er **ist** geklettert
*il **a** grossi*	er **ist** dicker geworden
*il **a** maigri*	er **ist** magerer geworden
*il **a** marché*	er **ist** marschiert
*il **a** nagé*	er **ist** geschwommen
*il **a** pâli*	er **ist** blass geworden
*il **a** reculé*	er **ist** zurückgewichen
*il **a** rougi*	er **ist** rot geworden
*il **a** sauté*	er **ist** gesprungen
*il **a** suivi*	er **ist** gefolgt
*il **a** vieilli*	er **ist** alt geworden
*il **a** volé*	er **ist** geflogen
*il **a** voyagé*	er **ist** gereist

21 Das Partizip *(Le participe)*

Partizip Perfekt *(Le participe passé)*

Formen:

Die regelmäßigen Verben auf *-er* bilden das Partizip Perfekt
mit dem Stamm des Infinitivs
und der Endung ***-é***

commencé	angefangen
parlé	gesprochen

Die regelmäßigen Verben auf *-re* bilden das Partizip Perfekt
mit dem Stamm des Infinitivs
und der Endung ***-u***

attendu	gewartet
répondu	geantwortet

Die regelmäßigen Verben auf *-ir* bilden das Partizip Perfekt
mit dem Stamm des Infinitivs
und der Endung ***-i***

fini	beendet
parti	weggegangen

Gebrauch:

1. Das Partizip Perfekt wird als Adjektiv gebraucht.

*la porte **fermée***	die geschlossene Tür
*le texte **imprimé***	der gedruckte Text
*propriété **privée***	Privatbesitz
*la rue **barrée***	die gesperrte Straße

2. Das Partizip Perfekt dient zur Bildung der zusammengesetzten Zeiten.

*elle a **parlé***	sie hat gesprochen
*j'ai **écouté***	ich habe zugehört
*nous sommes **partis***	wir sind weggegangen
*on avait **fini***	wir hatten aufgehört
*le voleur est **arrêté***	der Dieb wurde festgenommen

Unregelmäßige Partizip-Perfekt-Formen:

avoir	**eu**	gehabt	vivre	**vécu**	gelebt
être	**été**	gewesen	voir	**vu**	gesehen
boire	**bu**	getrunken	vouloir	**voulu**	gewollt
connaître	**connu**	gekannt	conduire	**conduit**	gesteuert
courir	**couru**	gelaufen	craindre	**craint**	gefürchtet
croire	**cru**	geglaubt	dire	**dit**	gesagt
devoir	**dû, due**	gemusst	écrire	**écrit**	geschrieben
lire	**lu**	gelesen	faire	**fait**	gemacht
plaire	**plu**	gefallen	mourir	**mort**	gestorben
pouvoir	**pu**	gekonnt	ouvrir	**ouvert**	geöffnet
recevoir	**reçu**	bekommen	mettre	**mis**	gelegt
savoir	**su**	gewusst	prendre	**pris**	genommen
taire	**tu**	geschwiegen	rire	**ri**	gelacht
tenir	**tenu**	gehalten	naître	**né**	geboren
venir	**venu**	gekommen			

Partizip Präsens *(Le participe présent)*

Formen:

Es gibt im Französischen auch ein Partizip Präsens.
Bei den regelmäßigen Verben wird
an den Stamm der 1. Person Plural Präsens
die Endung ***-ant*** angefügt.

*commenç**ant***	anfangend
*attend**ant***	wartend
*finiss**ant***	endend

Unregelmäßig sind die Formen:

ayant	habend
étant	seiend
sachant	wissend

22 Veränderlichkeit des Partizips Perfekt *(L'accord du participe passé)*

Beim Partizip Perfekt werden dieselben Endungen gebraucht wie beim Adjektiv:

	Mask.	*Fem.*
Singular	–	-e
Plural	-s	-es

Bei den Regeln für die Veränderlichkeit des Partizips Perfekt ist zu unterscheiden, ob es als Adjektiv, mit dem Hilfsverb *être* oder mit dem Hilfsverb *avoir* gebraucht wird.

Okidoki a sifflé …

ADJEKTIV

Grundregel:

Wenn das Partizip Perfekt wie ein Adjektiv gebraucht wird, verändert es sich auch wie ein Adjektiv.

le magasin fermé	das geschlossene Geschäft
*les magasins fermé**s***	die geschlossenen Geschäfte
*la porte fermé**e***	die geschlossene Tür
*les portes fermé**es***	die geschlossenen Türen

… et son chien bien dressé est venu tout de suite.

Mit ÊTRE

Grundregel:

Das mit *être* verbundene Partizip Perfekt richtet sich nach dem **Subjekt**.

***Anne** est arrivé**e**.*	Anne ist gekommen.
***Elle** est entré**e**.*	Sie ist hereingekommen.
*Mes **amis** sont venu**s**.*	Meine Freunde sind gekommen.
***Anne et Jean-Pierre** sont resté**s** là.*	Anne und Jean-Pierre sind dageblieben.
***Ils** se sont reposé**s**.*	Sie haben sich erholt.
***Anne** s'est amusé**e**.*	Anne hat sich amüsiert.

Subjekt *être* **Partizip Perfekt**

Mit AVOIR

Schwierige Grundregel:

Das mit *avoir* verbundene Partizip Perfekt richtet sich nach dem **direkten Objekt**, aber nur, wenn es vorangeht.

Où est Anne?	Wo ist Anne?
*Je **l'**ai cherché**e** partout.*	Ich habe sie überall gesucht.
*Je ne **l'**ai pas trouvé**e**.*	Ich habe sie nicht gefunden.
*Voilà les fleurs, **que** j'ai apporté**es**.*	Da sind die Blumen, die ich mitgebracht habe.

Subjekt **direktes Objekt** *avoir* **Partizip Perfekt**

23 Das Perfekt und das Plusquamperfekt *(Le passé composé et le plus-que-parfait)*

Das Perfekt *(Le passé composé)*

Formen:

Alle Verben bilden das Perfekt
mit den Hilfsverben *avoir* oder *être* im Präsens (➔ 20)
und dem Partizip Perfekt (➔ 21)

On a commencé.	Wir haben angefangen.
J'ai attendu.	Ich habe gewartet.
Ils ont fini.	Sie haben aufgehört.
Je suis parti.	Ich bin weggegangen.
Les autres sont restés.	Die andern sind geblieben.

Gebrauch:

1. Wie im Deutschen wird das Perfekt verwendet, um Ereignisse zu berichten, die jetzt – in der Gegenwart – bereits abgeschlossen sind.

Je suis parti.
(Das erklärt, warum ich jetzt schon zu Hause bin.)
Les autres sont restés.
(Sie sind jetzt noch nicht zu Hause.)

2. Das Perfekt wird beim Erzählen und Berichten zusammen mit dem *Imparfait* verwendet. (Statt des *Passé simple*, das nur noch in der Literatur vorkommt.)

Ma sœur était seule dans la maison.
Tout à coup, on ***a frappé*** *à la porte.*
Sans hésiter, ma sœur ***a ouvert*** *la porte.*
Qui était là?

Das Plusquamperfekt *(Le plus-que-parfait)*

Formen:

Alle Verben bilden das Plusquamperfekt
mit den Hilfsverben *avoir* oder *être* im Imperfekt
und dem Partizip Perfekt.

On avait déjà commencé.	Wir hatten schon angefangen.
J'avais attendu.	Ich hatte gewartet.
J'étais déjà parti,	Ich war bereits weggegangen,
mais les autres étaient restés.	aber die anderen waren geblieben.

Gebrauch:

Das Plusquamperfekt wird gebraucht, wenn man Geschehnisse berichtet, die noch weiter in der Vergangenheit zurückliegen als Geschehnisse, die im Perfekt oder *Imparfait* berichtet werden.

Julie est venue vers 8 heures.	Julia ist gegen 8 Uhr gekommen.
Mais on ***avait commencé*** *à 6 heures.*	Aber wir hatten um 6 Uhr begonnen.
Elle ***avait manqué*** *son train.*	Sie hatte ihren Zug verpasst.

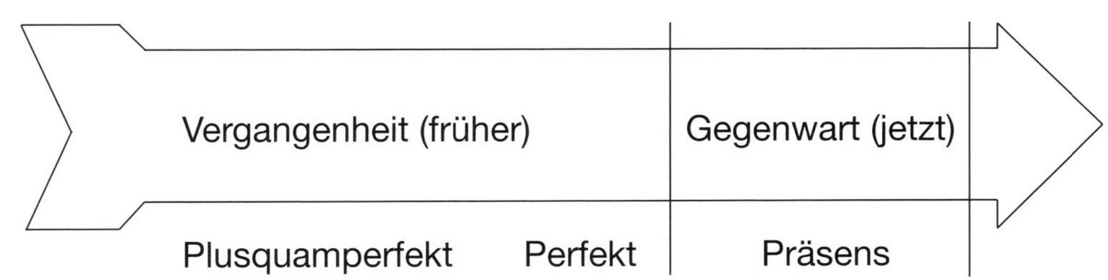

24 Das Konditional *(Le conditionnel)*

Konditional I *(Le présent du conditionnel)*

Formen:

Alle Verben bilden das Konditional I wie das Futur,
aber mit den Endungen ***-rais, -rais, -rait, -rions, -riez, -raient***

*je commence**rais***	ich würde anfangen
*il commence**rait***	er würde anfangen
*il attend**rait***	er würde warten
*elle fini**rait***	sie würde aufhören
*elle vien**drait***	sie würde kommen
*cela me **ferait** plaisir*	das würde mir Spaß machen
*j'**irais** seul à Paris*	ich würde allein nach Paris fahren

Gebrauch:

Das Konditional drückt aus:

1. Annahme, Möglichkeit:

Ce serait possible.	Das wäre möglich.

2. Wunsch:

J'aimerais voyager à Paris.	Ich würde gern nach Paris fahren.

3. Vorschlag, Bitte:

Je pourrais t'aider.	Ich könnte dir helfen.

4. Höfliche Frage:

Pourriez-vous me dire où est la gare?	Könnten Sie mir sagen, wo der Bahnhof ist?

Konditional II *(Le conditionnel du passé)*

Formen:

Alle Verben bilden das Konditional II
mit den Hilfsverben *avoir* oder *être* im Konditional I
und dem Partizip Perfekt.

J'aurais commencé.	Ich hätte angefangen.
Il aurait attendu.	Er hätte gewartet.
Elle aurait fini ses devoirs …	Sie hätte ihre Aufgaben beendet …
Je serais parti plus tôt …	Ich wäre früher losgefahren …
Elle serait venue …	Sie wäre gekommen …

Gebrauch:

1. Das Konditional II drückt eine Annahme, einen Wunsch, einen Vorschlag, eine höfliche Frage in der Vergangenheit aus.

J'aurais aimé voyager à Paris.	Ich wäre gern nach Paris gefahren.
J'aurais pu t'aider.	Ich hätte dir helfen können.

2. Am wichtigsten ist der Gebrauch des Konditional II im *si*-Satz.

Je serais parti plus tôt, si je m'étais réveillé à l'heure.	Ich wäre früher losgefahren, wenn ich rechtzeitig aufgewacht wäre. (➔ 28)

25 Der Subjonctif – Formen *(Le subjonctif – les formes)*

Das Französische und das Deutsche unterscheiden bei allen Zeiten des Verbs zwischen *Indicatif* (Indikativ/Wirklichkeitsform) und *Subjonctif* (Konjunktiv/Möglichkeitsform):

Indicatif	*Subjonctif*	Indikativ	Konjunktiv
il a	*qu'il **ait***	*er hat*	*dass er **habe***
elle sait	*qu'elle **sache***	*sie weiß*	*dass sie **wisse***
il dit	*qu'il **dise***	*er sagt*	*dass er **sage***

Regelmäßige *Subjonctif*-Formen:

Alle Verben bilden den *Subjonctif (présent)* mit dem Stamm der 3. Person Plural Präsens und den Endungen ***-e, -es, -e, -ions, -iez, -ent***.

*que je commenc**e***	dass ich anfange
*que tu commenc**es***	dass du anfangest
*qu'il commenc**e***	dass er anfange
*que nous commenc**ions***	dass wir anfangen
*que vous commenc**iez***	dass ihr anfangt
*qu'ils commenc**ent***	dass sie anfangen
*que j'attend**e***	dass ich warte
*que tu attend**es***	dass du wartest
*qu'il attend**e***	dass er warte
*que nous attend**ions***	dass wir warten
*que vous attend**iez***	dass ihr wartet
*qu'ils attend**ent***	dass sie warten
*que je finiss**e***	dass ich aufhöre
*que tu finiss**es***	dass du aufhörst
*qu'il finiss**e***	dass er aufhöre
*que nous finiss**ions***	dass wir aufhören
*que vous finiss**iez***	dass ihr aufhört
*qu'ils finiss**ent***	dass sie aufhören

Regelmäßig sind auch folgende Formen:

*oublier: que nous oubl**ii**ons, que vous oubl**ii**ez*

*prier: que nous pr**ii**ons, que vous pr**ii**ez*

Unregelmäßige Subjonctif-Formen:

avoir	***qu'il ait***	dass er habe
	que j'aie, que tu aies, qu'il ait, qu'ils aient; que nous ayons, que vous ayez	
être	***qu'il soit***	dass er sei
	que je sois, que tu sois, qu'il soit, qu'ils soient; que nous soyons, que vous soyez	
aller	***qu'il aille***	dass er gehe
	que j'aille, que tu ailles, qu'il aille, qu'ils aillent; que nous allions, que vous alliez	
falloir	***qu'il faille***	dass es nötig sei
pleuvoir	***qu'il pleuve***	dass es regne
pouvoir	***qu'il puisse***	dass er könne
savoir	***qu'il sache***	dass er wisse
valoir	***qu'il vaille***	dass es wert sei
vouloir	***qu'il veuille***	dass er wolle

26 Der Subjonctif – Gebrauch *(Le subjonctif – l'emploi)*

Im Französischen gibt es feste Regeln für den Gebrauch des *Subjonctif*, die genau beachtet werde müssen.

1

Konjunktion + *subjonctif*

Nach folgenden Konjunktionen steht immer der *Subjonctif*:

jusqu'à ce que	bis
avant que	bevor
bien que / ***quoique***	obwohl
pour que / ***afin que***	damit
sans que	ohne dass
à condition que	unter der Bedingung, dass

*Nous attendons **jusqu'à ce qu'**elle **vienne**.*
Wir warten, bis sie kommt.

*Rentrons **avant qu'**il **pleuve**.*
Gehen wir zurück, bevor es regnet.

*Il ne reste pas au lit **quoiqu'**il **soit** malade.*
Er bleibt nicht im Bett, obwohl er krank ist.

*Je le dis **pour que** tu **saches** la vérité.*
Ich sage es, damit du die Wahrheit weißt.

2

Verb des Gefühls + *que* + *subjonctif*

Nach Verben des Gefühls[1] steht im *que*-Satz immer der *Subjonctif*.

Verben des Gefühls sind zum Beispiel:

***admirer** que*	bewundern, dass
***aimer** que*	lieben, dass
***avoir peur** que*	Angst haben, dass
***regretter** que*	bedauern, dass
***être content** que*	zufrieden sein, dass
***être déçu** que*	enttäuscht sein, dass
***être fâché** que*	ärgerlich sein, dass
***être fier** que*	stolz sein, dass
***être heureux** que*	glücklich sein, dass
***être surpris** que*	überrascht sein, dass
***être triste** que*	traurig sein, dass
***il est dommage** que*	es ist schade, dass

*Je **suis content** que Juliette **soit** venue.*
Ich bin zufrieden, dass Julia gekommen ist.
*J'**aimerais** qu'elle **reste** jusqu'à la fin.*
Ich hätte gern, dass sie bis zum Schluss bleibt.
*Je **regrette** que tu **aies** oublié tes photos.*
Ich bedauere, dass du deine Fotos vergessen hast.
*Il est dommage qu'il **pleuve** aujourd'hui.*
Es ist schade, dass es heute regnet.

Nach *espérer (hoffen)* steht kein *Subjonctif*.

On espère que Juliette sera là.
Wir hoffen, dass Julia da sein wird.

[1] Statt „Verben des Gefühls" gibt es auch die Begriffe „Verben der persönlichen Stellungnahme", „Verben des subjektiven Empfindens".

3

Verb des Wollens + *que* + *subjonctif*

Nach Verben des Wollens[2] steht im *que*-Satz immer der *Subjonctif*.

Verben des Wollens sind zum Beispiel:

***approuver** que*	billigen, dass
***consentir** que*	zustimmen, dass
***avoir envie** que*	mögen, dass
***désirer** que*	wünschen, dass
***exiger** que*	fordern, dass
***ordonner** que*	befehlen, dass
***prier** que*	bitten, dass
***proposer** que*	vorschlagen, dass
***tolérer** que*	dulden, dass
***vouloir** que*	wollen, dass
***il faut** que*	es ist notwendig, dass
***il vaut mieux** que*	es wäre besser, dass

*Je **veux** que tu **saches** tous les détails.*
Ich will, dass du alle Einzelheiten weißt.
*Il m'a **demandé** que je **vienne** seul.*
Er wollte, dass ich allein komme.
*Il **faut** que tu **fasses** plus vite.*
Du musst dich beeilen.
*Mon père ne **tolère** pas que je **sois** en retard.*
Mein Vater duldet nicht, dass ich mich verspäte.

Nach décider (entscheiden) und *persuader* (überreden) steht kein *Subjonctif*.

Julie a décidé qu'elle restera à la maison.

[2] Statt „Verben des Wollens" gibt es auch die Bezeichnung „Verben der Willensäußerung".

4

Verb der Ungewissheit + *que* + *subjonctif*

Nach Verben, die eine Ungewissheit ausdrücken, steht der *Subjonctif*.

Dazu gehören auch die Verben des Sagens und Denkens, die fragend oder verneint gebraucht werden.
Verben der Ungewissheit sind zum Beispiel:

***douter** que*	zweifeln, dass
***nier** que*	abstreiten, dass
***supposer** que*	vermuten, dass
***il est possible** que*	es ist möglich, dass
***il est impossible** que*	es ist unmöglich, dass
***il n'est pas vrai** que*	es ist nicht wahr, dass
***je ne crois pas** que*	ich glaube nicht, dass
***dis-tu** que ...?*	sagst du, dass ...?

*Je **doute** qu'il **dise** toute la vérité.*
Ich zweifle, dass er die ganze Wahrheit sagt.
*Je **suppose** qu'il **sache** plus de détails.*
Ich vermute, dass er mehr Einzelheiten weiß.
***Crois-tu** que ce **soit** possible?*
Glaubst du, dass das möglich ist?
*Je **n'ai pas dit** que tu te **sois** trompé.*
Ich habe nicht gesagt, dass du dich getäuscht hast.

Im Französischen steht der *Subjonctif* **nicht** in der indirekten Rede.

Il m'a dit qu'il est fier de son succès.
Er hat mir gesagt, dass er auf seinen Erfolg stolz sei.

27 Die Präposition und die Konjunktion *(La préposition et la conjonction)*

Präposition und Konjunktion

Achtung Falle! Es gibt im Französischen einige Präpositionen und Konjunktionen, die man leicht verwechseln kann.

Präposition *(Sie leitet einen Satzteil ein.)*	*Konjunktion* *(Sie leitet einen Nebensatz ein.)*
***pendant** le voyage …* **während** der Reise …	***pendant que** mon père était en voyage …* **während** mein Vater auf Reisen war …
***jusqu'à** son retour …* **bis** zu seiner Rückkehr …	***jusqu'à ce qu'**il retourne …* **bis** er zurückkommt …
Ebenso:	
***après** la lecture de la lettre …* nach der Lektüre des Briefes …	***après qu'**il avait lu la lettre …* nachdem er den Brief gelesen hatte …
***avant** le départ …* vor der Abreise …	***avant que** je dise adieu …* bevor ich auf Wiedersehen sage …
***depuis** son mariage …* seit ihrer Heirat …	***depuis qu'**elle est mariée …* seitdem sie verheiratet ist …
***pour** votre plaisir …* zu Ihrem Vergnügen …	***pour que** vous soyez content …* damit Sie zufrieden sind …
***sans** le moindre soupçon …* ohne den geringsten Verdacht …	***sans qu'**elle ait remarqué quelque chose …* ohne dass sie etwas bemerkt hätte …

Beachte: Nach *jusqu'à ce que, avant que, pour que* und *sans que* steht der *Subjonctif*. (➔ 26.1)

Amusons-nous …
… pendant que nous sommes jeunes.
… pendant la jeunesse.

Verbanschlüsse mit Präpositionen

Typische Stolpersteine:

aider qn
J'aide mon ami. Je l'aide. — Ich helfe meinem Freund. Ich helfe ihm.

aider qn à faire qc
Je l'aide à préparer son examen. — Ich helfe ihm, seine Prüfung vorzubereiten.

décider de faire qc
On a décidé de prendre part. — Wir haben beschlossen, teilzunehmen.

se décider à faire qc – être décidé à faire qc
Je me suis décidé à prendre part. — Ich habe mich entschlossen, teilzunehmen.

demander qc à qn
Je demande à M. Dubois. — Ich frage Herrn Dubois.
Je lui demande. — Ich frage ihn.

demander à qn de faire qc
Je lui demande de participer à la réunion. — Ich bitte ihn, an der Versammlung teilzunehmen.

discuter de qc
Nous allons discuter de la politique. — Wir werden über Politik diskutieren.

parler à qn
J'ai parlé à M. Dubois. — Ich habe mit Herrn Dubois gesprochen.

parler de qc
Nous avons parlé de son voyage. — Wir haben über seine Reise gesprochen.

se souvenir de qc – se rappeler qc
Je me souviens de ce voyage. — Ich erinnere mich an diese Reise.
Je me rappelle tous les détails. — Ich erinnere mich an alle Einzelheiten.

téléphoner à qn
Je vais téléphoner à mon ami. — Ich werde mit meinem Freund telefonieren.

28 Der *si*-Satz *(La proposition avec «si»)*

Wichtige Unterscheidung:

Der *si*-Satz bezeichnet eine Bedingung.
Man muss zwei verschiedene Arten von Bedingungen unterscheiden:

1. Reale Bedingungen: Sie können tatsächlich verwirklicht werden.

Wenn es möglich ist ...	(Es ist anzunehmen, dass es tatsächlich möglich ist.)
Wenn du willst ...	(Es ist durchaus möglich, dass du es willst.)
Wenn du Zeit hast ...	(Ich nehme an, dass du tatsächlich Zeit hast.)

2. Irreale Bedingungen: Sie sind nicht zu verwirklichen – oder nicht verwirklicht worden.

Wenn du Zeit gehabt hättest ...	(Du hast aber keine Zeit gehabt.)
Wenn ich reich wäre ...	(Ich bin aber nicht reich.)
Wenn ich genug Geld hätte ...	(Ich habe aber nicht genug Geld.)

Wichtige Unterscheidung:

	***si*-Satz**	**Hauptsatz**	
real	**Präsens**	**Präsens** oder **Futur**	
	*Si tu **veux***	*nous **ferons** la promenade ensemble.*	
	*S'il **fait** beau*	*c'**est** un plaisir.*	
	*Si on **a** assez de temps*	*nous **allons prendre** un café.*	
irreal	**Imparfait**	**Konditional I**	auf die Gegenwart bezogen
	*Si j'**étais** riche*	*j'**achèterais** une belle moto.*	
	*Si j'**étais** vous*	*j'**agirais** autrement.*	
	Plusquamperfekt	**Konditional II**	auf die Vergangenheit bezogen
	*Si tu m'**avais appelé***	*je **serais venu** tout de suite.*	
	*Si tu **étais venu** plus tôt*	*tu **aurais rencontré** Julie.*	

Besondere Schwierigkeiten:

Beachte: Das *Imparfait* bezieht sich auf die **Gegenwart**!

*Wenn ich **jetzt** reich wäre ...* *Si j'**étais** riche.*

Beachte den Unterschied zwischen ***si*** und ***quand*** (wenn).

*wenn (falls): **si***	***Si** c'est possible ...*
*wenn (dann wenn): **quand***	***Quand** je le rencontre ...*

Beachte: ***si*** kann auch **ob, so, doch** bedeuten. Dann gelten die Regeln für das konditionale *si* nicht.

Je me demande si (ob) *c'est possible.*
Il a été si (so) *bête.*
Tu n'iras pas chez Juliette? – Mais si (doch).

29 Die Frage *(L'interrogation)*

Unterscheidungen:

Es gibt zwei Arten von Fragen:

1. Entscheidungsfragen

Der Fragende erwartet die Antworten: *oui, non, peut-être, bien sûr, si …*

Tu viens ce soir? – Non.	Kommst du heute Abend? – Nein.
Tu restes à la maison? – Oui.	Bleibst du zu Hause? – Ja.

2. Ergänzungsfragen

Der Fragende erwartet eine Auskunft.

Pourquoi? – Parce que je vais préparer le test de demain.
Warum? – Weil ich den Test für morgen vorbereiten will.

Ergänzungsfragen werden eingeleitet durch Fragepronomen, Frageadjektive und sonstige Fragewörter:

➽ Fragepronomen sind ***qui, que, quoi*** (wer, was)

		Nach Präposition:
***Qui** a téléphoné?* ***Qui** est-ce?*	(Wer …?)	
***Qui** cherches-tu?* ***Qui** vois-tu?*	(Wen …?)	***A qui** penses-tu?* ***De qui** parlez-vous?*
***Que** dis-tu?* ***Que** fait-elle?*	(Was …?)	***De quoi** parlez-vous?* ***De quoi** occupez-vous?*
***Quoi**?* (Steht alleine)	(Was?)	

➽ Frageadjektive sind ***quel, quelle, quels, quelles*** *(welcher, welche …)*

***Quel** livre?*	***Quels** livres cherches-tu?*
***Quelle** lettre?*	***Quelles** lettres as-tu lues?*

➽ Fragewörter sind

***Pourquoi** …?* Warum?	***Quand** …* Wann?
***Comment** …?* Wie?	***Où** …?* Wo? Wohin?

Es gibt im Französischen drei Möglichkeiten, um eine Frage zu formulieren:

1. Aussagesatz als Fragesatz

Bei Entscheidungsfragen kann jeder Aussagesatz auch als Fragesatz gebraucht werden. Am Ende des Satzes steht ein Fragezeichen.

Patrick est venu tout seul?
Lara va venir plus tard?

Beim Sprechen geht das auch bei Ergänzungsfragen:

Elle va venir quand?

2. Umschreibung mit *est-ce*

*Qui **est-ce qui** a téléphoné?*
*Qu'**est-ce que** tu dis?*
*Quand **est-ce qu'**elle viendra?*
***Est-ce que** Patrick est venu tout seul?*

3. Inversion

„Inversion" bedeutet, dass das Prädikat vor dem Subjekt steht.

*Que **dis-tu**?* (Das Prädikat *dis* steht vor dem Subjekt *tu* und ist mit einem Bindestrich verbunden.)

*Où **vas-tu**?*

*Quand **viendra-t-elle**?*

*Que **fait Patrick**?*

*Marc, **est-il** venu tout seul?*

*Quand Lara, **va-t-elle** venir?*

Beachte besonders:

Bei der Inversion wird in der 3. Person Singular ein ***-t-*** eingeschoben, wenn die Verbform nicht schon auf *-t* endet.

Où va-t-il? *Où est-il?*